近代日本のクリスチャン経営者たち

山口陽一［著］

いのちのことば社

はじめに

山口陽一

クリーニングの白洋舎の二代目の社長五十嵐丈夫は『聖書に学ぶ経営』でこう語ります。

「聖書は日曜日だけ教会においてだけ読む本と考えている人があるかも知れませんが、聖書は私たちにとって人生の土台石です。人生のすべての面に関係があるものです。事業経営者としての私にも、重要な時期に重要な問題について光となり、指針となりました。いかなる点で聖書に教えられたか、事業経営のどのような道で、光を与えられたかなどについて、かねがね感じているところをまとめたものです。」

創業者である父の五十嵐健治から、事業とともに受け継いだ信仰が生き生きと伝わってくる本です。本書では、この五十嵐健治をふくめ、戦前の日本でクリスチャンとして経営にあたった先達たちの信仰と経営について紹介したいと思います。

五十嵐丈夫は「私が経営者として強く感じていることは『管理する』ということです」と語り始め、創世記一章二八節を引用します。「地を従えよ。海の魚、空の鳥、地の上を這うすべての生き物を支配せよ。」

主イエスは、「自分のために、地上に宝を蓄えるのはやめなさい」、「あなたがたは神と富とに仕えることはできません」（マタイ六章一九～二四節）と教えられました。本書では、主イエスの弟子として「天に宝を蓄え」た人々、「困っている人に分け与えるため、自分の手で正しい仕事をし、労苦して働（く）」（エペソ四章二八節）という使命感をもって働いた人々が少なからず登場します。

近代日本の夜明けに、キリスト教の伝道も再開されました。旧幕府の側について辛酸をなめた佐幕派士族の青年たちが、「報国の志」をもってキリスト教の伝道と教育、福祉の分野で大活躍したことはよく知られています。これは経済の分野においても見られることなのです。当時のクリスチャンの入信時の立場で圧倒的に多いのは学生でした。次いで商業、教員、公務員、製造業と続き、農業が少ないのが特徴です。女性の中にも少なからず学生がいました。[1] 日本に新しい時代が訪れたのです。しかし、それはすでに幕末に始まっていたと指摘する人もいます。

弘前学院や宮城学院の院長を務めた経済思想史の小田信士は、『幕末キリスト教経済思想史』でこれを論じています。数学者で経世家の本多利明、絵師にして蘭学者の司馬江漢や渡辺崋山、陽明学の横井小楠らによって形成された開国精神は、キリスト教倫理なくしては理解できないとし、これが幕末の経済思想史に大きな影響を与えたと言うのです。[2]

日本が開国すると、「押さえられていた噴水」のようにキリスト教の信仰が広がります。その中には新しい事業に着手する人々がいました。東京大学名誉教授の土屋喬雄は、明治の経営理念を研究する中で、クリスチャンの経営者に注目します。彼は日本資本主義論争における労農派の論客で、渋沢栄一関連の膨大な資料を収集整理した人です。土屋は『続日本経営理念史』の半分にあたる二百四十一ページをさいて「キリスト教倫理を基本とする経営理念」を取り上げているのです。これは驚くべきことです。土屋が、戦前において数少ない道義的実業家として取り上げるのが、森村市左衛門、波多野鶴吉、武藤山治、相馬愛蔵、大原孫三郎[3]です。

クリスチャンたちは経済学という新しい学問にも積極的に取り組みます。経済学者として知られているのは、水崎基一、小泉信三、矢内原忠雄、沢崎堅造、大塚久雄、住谷悦治、隅谷三喜男らです。また、経済と深く関係する日本の社会主義運動は、隣人愛に基づくキリスト教社会主義から始まりました。村井知至、安部磯雄、片山潜、木下尚江、石川三四郎、西川光二郎、河上清らがいます。そして労働組合、消費組合、農民組合をリードしたのが賀川豊彦です。

本書では、戦前期の初代のクリスチャン経営者を時代を追って見て行きます。信仰による経営を生涯続けた人、青年期の信仰を離れた人、晩年に明確な回心に至った人、キリスト教に共感しつつ臨終の洗礼を受けた人、山あり谷ありの信仰を生きた人などさまざまです。そして、キリスト教の社会事業に支援を惜しまなかった渋沢栄一を加えました。

1 『信仰三十年基督者列伝』警醒社、一九二一年

2 小田信士『幕末キリスト教経済思想史』教文館、一九八二年

3 土屋喬雄『続日本経営理念史 —— 明治・大正・昭和の経営理念』（日本経済新聞社、一九六七年）。儒教倫理を基本とする経営理念による道義的実業家として扱われているのは、渋沢栄一、金原明善、佐久間貞一、矢野恒太、小菅丹治である。

目次

1 岸田吟香、「善」の先駆者

岸田吟香《ぎんこう》（一八三三〜一九〇五）は、美作国《みまさか》（岡山県）の農家に生まれ、津山で漢学を修めました。十九歳で江戸に出て学問を重ね、挙母藩《ころも》（愛知県豊田市）儒者を経て脱藩、一八六四年にジョセフ・ヒコらと日本初の民間新聞『新聞紙』（のち『海外新聞』）を発刊します。ヘボンの治療で眼病が全快したことから、その助手として一八六五年からヘボン邸に住み辞書の編集を手伝いました。一八六六年、印刷製本のため上海に同行し、ヘボンの『和英語林集成』の名付け親となります。岸田の洗礼がいつであるかは不明ですが、上海滞在中の『呉淞日記』には慶応二年十二月一日「礼拝日なり」とあります。辞書は明治のベストセラーとなり日本の近代化に大きく貢献しました。

一八六七年に帰国した岸田は、ヘボンの処方による目薬「精錡水《せいきすい》」の販売を開始し、翌年には上海にも取次店を開店します。当時、眼病は失明の原因でもあり、有効な目薬の提供は文字どおりの人助けでした。汽船稲川丸で江戸―横浜間の定期便を始め、新聞『横浜新報もしほ草』を創刊し、さらに一八六九年には製氷事業、石油掘削と次々に新たな事業に乗り出します。しかし、ジャーナリズムで本領を発揮し、七三年に東京日日新聞主筆となり、台湾出兵では日本初の従軍記者となっています。従軍を終えて長崎に戻った時、世話になった大倉喜八郎が御礼にと丸山遊郭に誘ったとき、「僕は相憎《あいにく》クリスチャンの洗礼を受けているので」と断ったと伝えられています。[4] 岸田は先駆者の名にふさわしい人です。海外の新しい情報にふれ、これを報じるとともに自らもその事業に挑戦したのです。

一八七五年、銀座二丁目に楽善堂薬舗を設立して精錡水の製造販売を波に乗せ、その利益をつぎ込んで一八七九年には築地に楽善会訓盲院を建設します。以後、出版・広告・売薬業を継続して一八九〇年には全国薬業組合会頭となり、上海の東亜同文書院の設立に尽力しました。ヘボンとの出会いが彼の一生に大きな影響を与えたのでした。

一九〇五年に七十二歳で亡くなると、田村直臣牧師の司式により数寄屋橋教会で葬儀、綱島佳吉の司会・小崎弘道の説教で告別式が営まれました。同時代の牧師たちが実業の世

岸田吟香
（「十大先覚記者伝」東京日日新聞社刊）

界で信仰に生きた岸田吟香の凱旋を見送ったのです。岸田の四男として生まれた劉生《りゅうせい》は、青年期には牧師を志しますが、のちに画家として大成します。

吟香は、キリスト教信仰の神髄を「善」、すなわち善き生き方ととらえていました。先駆的なさまざまな事業は営利事業でもあるのですが、それを「楽善」、「積善」として行ったことは注目に値します。

4　杉浦正『岸田吟香 ―― 資料から見たその一生』汲古書店、一九九六年、三三五頁。上海での礼拝日の件も同頁。

2 津田仙、聖日厳守の農業改革者

津田仙（一八三七〜一九〇九）は、佐倉藩士の子として生まれ、江戸でオランダ語、英語を学び、結婚により津田姓となりました。築地ホテルで生野菜を提供し、北海道開拓使嘱託として外来新品種の栽培を試みます。米国に送った柿の苗木から実った柿は「津田柿」として当地で評判になりました。八歳の梅子を米国留学に送り出したことはよく知られています。津田は一八七三年のウィーン万博で数多《あまた》の言語に翻訳された聖書に感嘆し、帰国後の七四年、メソヂストの宣教師ソーパーから受洗します。そして、ウィーンで学んだオランダの園芸家ホイブレンクの植物栽培法を『農業三事』として出版、日本ばかりか韓国でも好評を博しました。三事とは地中通気、枝曲げ、花粉媒助で、花粉媒助のために考案した「津田縄」はもてはやされます。一八七六年、麻布の屋敷内に学農社を設立します。その目的は、「専ら泰西の農書を講究し、本邦の農業と折衷して、広く天下の鴻益をはかり、国家の富強の基を固うせんと慾す」でした。学農社は、慶應義塾、同人社、共立学舎と共に四大私立学校に数えられ、錚々たる教師陣には小崎弘道や内村鑑三も加わり、明治

明治16（1883）年のリバイバル、全国基督教信徒大親睦会幹部の写真。最前列中央で山高帽を持つ津田仙。その右が李廷樹、湯浅治郎。

女学校を創設した巌本善治は卒業生の一人です。学農社では『農業雑誌』を発行して農業の新技術の普及にあたりますが、官立の駒場農学校の設立などもあり、一八八三年には役割を終えて閉校しました。

津田は中村正直、新島襄と共にキリスト教界の三傑と呼ばれ、中村や岸田吟香と楽善会訓盲院を設立し、朝鮮から来日した李《イ》廷樹《スジョン》を信仰に導いた人として知られています。英国からもたらされたScripture Unionを「聖書之友」と命名して聖書通読運動を支援、東京基督教青年会の『六合雑誌』、学農社の跡地に設立されたクエーカーの普連土女学校も津田の命名です。一八八六年にジョージ・ミュラーの説教を聴いて「真の信者」になったと述懐し、聖日厳守、禁酒運動などメソヂストの信者らしい信仰の生涯を過ごしました。一九〇八年に召天すると、葬儀は青山学院の講堂で行われ、本多庸一が説教しました。メソヂストの宣教師デイビット・S・スペンサーは、津田は国力の源を「軍事ではなく、教育、道徳、宗教に求めた」と、その死を悼みました。[5]

5　高崎宗司『津田仙評伝』草風館、二〇〇八年

3 クリスチャンの「田舎紳士」たち――群馬と岡山を中心に

徳富蘇峰は、明治二十年代に、日本社会の西洋化とナショナリズムの間に生きた独立自営民を「田舎紳士」呼びました。その中には、地域の殖産興業に尽くした数多くのクリスチャンたちがいました。

上州安中の醤油醸造業者、湯浅治郎（一八五〇～一九三二）は、一八七八年に新島襄から洗礼を受け、安中教会設立に加わります。群馬県会議長から、第一回帝国議会に選出され、同志社、日本組合基督教会、徳富蘇峰の民友社、警醒社などを信徒として地道に支えました。

当時の群馬県では、原市教会の宮口二郎（一八五二～一九三〇）も県議・議長を務め、湯浅の政界引退を受けて衆議院議員となります。宮口は碓氷社社長として地域の製糸業発展に尽くします。吾妻教会の山口六平（一八四九～一九〇六）も製糸業者で県議を務め、牧場を開き、信州上田に通じる鉄道敷設を計画しました。日本基督教会伊勢崎教会の野村藤太

1872（明治 5）年に開設された富岡製糸場は、群馬を製糸業の一大拠点とした。（出典：一曜斎国輝［画］『上州富岡製糸場之図』　国立国会図書館提供）

（一八五三〜一九一〇）もまた養蚕製糸業者で、自由民権運動に加わり長年県議を務めます。メソヂストの島村教会は蚕種業者が多数を占める教会で、田島善平（一八四三〜一九二九）は東洋蚕種改良会社を設立し、県議としても活躍しました。

　前橋の深沢雄象（一八三三〜一九〇七）と養子の利重（一八五六〜一九三四）はハリストス正教の信徒で、雄象は上毛蚕糸改良会社を興し、昼は製糸法を、夜はヤソの教えを説きました。利重は家業を継ぐと共に前橋英和女学校（共愛学園）の設立と経営に関わり、日露戦争は投機的であるとして実業人の立場からこれに反対しました。

　高崎の深井英五（一八七一〜一九四五）は星野光多牧師の感化で入信します。同志社に学び新神学に転じ、後に日銀総裁となります。[6] 明治の上州ではクリスチャン実業家の颯爽とした活躍が目立ちます。

岡山も同志社人脈の活躍が教育と医療・福祉の分野で目覚ましい地域です。山陽女学校や岡山孤児院、博愛会病院、留岡幸助や山室軍平など枚挙にいとまがありません。そこには経済人たちの活躍もありました。

柴原宗助（一八四七〜一九〇九年）は同志社で新島襄に学び、高梁の柴原家の養子となり、洗礼を受け高梁教会創設に参加します。彼は自由民権家で一八七九年第一回の県会議員、一八九八〜一九〇五年に井原町長を務めました。倉敷の薬種商（現エバルス）の林源十郎（一八六五〜一九三五）は同志社に学び、一八八七年に岡山教会で受洗、石井十次を大原孫三郎に紹介し、自らも岡山孤児院の支援に尽力します。片山潜、岸本能武太、山川均、中島重といったキリスト教社会主義者は岡山の出身です。岸田吟香についてはすでに述べたとおりで、倉敷の大原孫三郎、津山の森本慶三、上海内山書店の内山完造については後で紹介したいと思います。

津軽の藤崎教会は一八八七年設立のメソヂスト教会です。リンゴ生産の敬業社を興した佐藤勝三郎、その義弟で入信にあたって酒造業を廃し禁酒運動に邁進した長谷川誠三（一八五七〜一九二四年）らがいました。「田舎紳士」と称される地方の名望家の中には、このようなクリスチャン実業家の群像を見ることができます。湯浅治郎と長谷川誠三については、このあと詳しく見てみましょう。

旧士族の中からも、たとえば熊本バンドからは、大阪舎密株式会社社長となる下村孝太郎（一八六一〜一九三七年）、横浜市長（一九〇三〜〇六年）から韓国銀行（のちの朝鮮銀行）総裁となる市原盛宏（一八五八〜一九一五年）、岡田商会を設立した霊南坂教会の元老岡田松生（一八五八〜一九三九年）などがいます。

6　深井英五『回顧七十年』岩波書店、一九四一年

4 上州のピューリタン湯浅治郎

安中教会の湯浅治郎（一八五〇～一九三二）は、群馬県議会で全国初の公娼廃止を実現し（安中時代）、国会に進出し、基督教青年会・六合雑誌、警醒社、民友社を支え（赤坂時代）、新島の死を機にそれまでの経歴を擲《なげう》って同志社の経営にあたり（京都時代）、晩年は東京に戻って安中教会を支えました（初台時代）[7]。

湯浅は、味噌醤油醸造業の有田屋の当主、湯浅治郎吉・茂世の長男として生まれ、漢学と算術を学んで家業を継ぎ、十七歳で真下茂登子と結婚します。味噌醤油の醸造販売、横浜に出て南京米や魚油の輸入、津田仙による媒助法の実験、蚕種の製造販売なども手掛け、一八七一年には藩命で勘定奉行に同行して京都の旧藩邸を処分。同年、アーモスト大学シーリー来日時に、新島の父母を伴い麻布善福寺の米国大使館を訪ね、一八七四年には横浜の高島学校で英語を学んでいます。

湯浅の最初の重要な業績は、一八七二年に有田屋に設けた便覧舎です。同年、文部省の東京書籍館と京都集書院が設置されていますが、近代における私設の公開図書館としては全国初でした。蔵書は東京、横浜で買い集めた和漢洋書・雑誌三千冊で、福沢諭吉の書物やアメリカの雑誌などが無料で閲覧できました。弟の吉郎（平月）はのちに京都図書館長となり、日本最初の児童図書館を開設します。

一八七四年にアメリカン・ボードの宣教師として帰国した新島襄が郷里の安中に伝道。一八七七年に海老名弾正が派遣され、一八七八（明治十一）年三月三十日、有田屋の便覧舎で安中教会が設立されました。最初の受洗者三十名は湯浅と豪農の上原春朔以外すべて士族でしたが、湯浅は三人の執事の一人に選ばれました。明治十九年までの受洗者は391名、士族の割合は一〇パーセントに下がります。

青年時代の湯浅治郎（湯浅三郎編『湯浅治郎』1937年）

湯浅は晩年の自伝に、「人生の目的も悟り、天地が明るくなり、万事が新たになり」、「進んでは、いささかながら愛の実行もできるようになり、……生来意気地なきものなりしが、比較的勇気も生まれ人をおそれぬようになれり。色々の苦痛困難に出会いても案外平然として、これに耐えうるようになれり」と記しています。

一八八〇年、湯浅は第一回県会議員選挙で当選、翌年には県会議長となり、日本鉄道会社の理事となり、一八八三年には碓氷銀行を設立します。群馬県議会は一八八三年に湯浅議長提案の全国初の廃娼決議案を可決、十年かけてついにこれを断行しました。

一八八八年には日本組合基督教会とアメリカン・ボードの支持を得て前橋英和女学校（共愛学園中学高校）を開校。湯浅治郎は新島襄、海老名弾正と共に発起人となっています。

この間、東京基督教青年会の『六合雑誌』を創刊し、一八八三年の第三回全国基督教信徒大親睦会を受けて警醒社（現在の新教出版社の前身）を創立します。植村正久『真理一班』（一八八四年）と小崎弘道『政教新論』（一八八六年）は二人が世に出る契機となりますが、これを執筆料前払いで書かせたのは湯浅でした。妻の死後八五年に徳富初子と再婚、義弟、徳富蘇峰の『将来之日本』（一八八六）、民友社の『国民之友』も彼の支援で出版されます。一八八三年の全国基督教信徒大親睦会の幹部の集合写真では、錚々たる伝道者・教育者たちの中にあって存在感を示しています。

一八九〇年に新島襄が亡くなると、国会議員、日本鉄道会社取締役、基督教青年会や民友社を他に委ね、同志社の維持と発展に二十年、無給で働きます。そのため次男三郎に十五年年賦で有田屋を譲りました。自らの生活費を得つつ跡継ぎを鍛える一石二鳥の策でしたが、三郎は十一年でこれを完済、堅実な家業の継承は湯浅のピューリタン精神のなせるところとされます。湯浅は、日本のプロテスタント教界の「縁の下の力持ち」でした。

湯浅は日清戦争の折、京都から群馬に戻り、私費千余円を投じて軍事公債公募のために奔走しました。日露戦争に際しては、日本鉄道会社国有化に伴う慰労金を義勇艦隊に寄附しています。しかし、朝鮮強制併合後の日本組合基督教会による「朝鮮人同化」をめざす朝鮮伝道に対しては、政財界や朝鮮総督府からの寄付に、財務担当者として真っ向からこれに反対しました。安中教会牧師、柏木義円の『上毛教界月報』を終生支援し、月に一度は安中教会の礼拝に出席、教会を支え新島記念会堂の献堂に貢献します。安中教会の独立の精神を新島襄から受け継いだのは柏木義円ですが、陰でこれを支えたのが湯浅治郎でした。

7　湯浅三郎編『湯浅治郎』一九三二年。飯岡秀夫「湯浅治郎 ── プロテスタント『平の信徒』の足跡──」『近代群馬の思想群像Ⅱ』日本経済評論社、一九八九年。太田愛人『上州安中有田屋 湯浅治郎とその時代』小沢書店、一九九八年。山下智子「忠実な賢い管理人 湯浅治郎」『群馬のキリスト者たち』聖公会出版、二〇一二年

5 「津軽の産業王」長谷川誠三の敬虔

長谷川誠三（一八五七〜一九二四）は、現在の青森県南津軽郡藤崎に生まれました。横浜で入信して弘前に帰った本多庸一は、一八七四年に東奥義塾を再興して伝道、翌年メソヂスト宣教師のジョン・イングと共に弘前教会を設立し、一八七八年には菊池九郎らと「共同会」を設立して自由民権運動を推進しました。長谷川はこれに加わり、八三年に共同会が解散すると事業に本腰を入れるようになり、八七年に受洗して藤崎教会を支える中心的信徒になりました。

長谷川は、弘前女学校の校主となってキリスト教教育にあたり、信仰のゆえに家業の酒造を廃して味噌醤油製造に転換しています。そして八五年には藤崎で敬業社を興して大規模りんご栽培に乗り出しますが、これらが信仰の歩みと重なっています。青森の名産となるリンゴはイングによってもたらされました。弘前市で生まれた日本最初の品種は「いんどリンゴ」と言いますが、これは「イング」あるいはイングの出身地「インディアナ」に由来すると言われます。『長谷川誠三 津軽の先駆者の信仰と事績』を記した岡部一興は、りんご栽培が盛んな青森、弘前、黒石、藤崎、五所川原、碇ヶ関にはキリスト教会があることから、りんご生産とキリスト教受容は関係があったと言っています。

長谷川は藤崎銀行を創立し、弘前女学校を設立し弘前学院や東奥義塾の再建にも尽力します。また、青森県野辺地での雲雀牧場の経営、秋田県小坂鉱山の開発、石油の重要性に着目して日本石油の創設にも参画し、「津軽の産業王」と称されました。

これほどの人がキリスト教会においてあまり知られていないのは、一九〇六年にプリマス・ブレズレンに転じ、弘前女学校の経営を離れ、藤崎教会が分裂したからです。しかし、そこに注目して長谷川の信仰の深化を評価したのが岡部一興です。岡部は長谷川が東北・北海道の大凶作の折に、大量の米を買い付け、各地で福音講演会を開き米を配布して窮民を救ったことを明らかにしています。[8]

長谷川誠三（長谷川博氏提供）

8　岡部一興『長谷川誠三　津軽の先駆者の信仰と事績』教文館、二〇一九年

6　北海道開拓とキリスト教

鈴木清、沢茂吉、志方之善、宇都宮仙太郎、黒沢酉蔵ほか

アイヌモシリ（アイヌの地）に明治政府の開拓使が置かれ、北海道と称されたのは一八六九年のことです。一八七六年に札幌農学校が開校してクラークが着任、一期生十六人が「イエスを信ずる者の誓約」に署名し、翌年、内村鑑三や新渡戸稲造ら二期生十五人も加わりました。札幌農学校二十四期までの卒業生三百八十二人のうち、五十五人が札幌独立基督教会の会員となります。内村鑑三の「無教会」は札幌農学校から始まった福音主義キリスト教運動です。新渡戸稲造は、第一高等中学校校長として日本のエリートたちに人格と信仰の大きな感化を与えました。

キリスト教の開拓精神は北海道でその力を発揮します。札幌農学校一期生佐藤昌介の長男、佐藤昌彦の『北海道の開拓とキリスト教精神』[9]はそれをよく物語っています。

一八六九年に約六万人であった北海道の人口は、一八八二年には三十万人、一九二〇年に二百三十六万人、一九四六年には三百四十九万人となりました。この間の日本の人口は二倍になっていますが、北海道の人口は何と六十倍です。

一八八一年、摂津第一公会（神戸教会）の信徒、鈴木清（一八四八〜一九一五）、沢茂吉（一八五三〜一九〇九）らによる「赤心社」が浦河に入植、翌年までの入植者百三十名余は牧畜業に従事し、浦河公会（日本基督教団元浦河教会）を設立します。[10] 精神障がい者がありのままに生活することで今注目されている「浦河べてるの家」は元浦河教会から始まりました。

同志社の学生、志方之善（一八六四〜一九〇五）、丸山伝太郎（一八七一〜一九五一）らは、一八九一年から瀬棚郡利別村（今金町神ヶ丘）にインマヌエル村を開拓します。志方の妻は日本最初の女医、荻野吟子で、村は最多時七十戸を数えましたが事業は成功しませんでした。二〇一九年に若村麻由美・山本耕二の主演で映画「一粒の麦 荻野吟子の生涯」が制作され、その経緯も描かれています。

高知教会の信徒武市安哉（一八四七〜一八九四）は自由民権運動挫折により国会議員を辞し、一八九三年、キリスト教信仰に基づく理想郷をめざして二十七名の青年と共に樺戸郡浦臼に入植、三百八十万坪の開拓を始め、そこを「聖園」と名づけました。一八九六年には高知教会の同志、片岡健吉や坂本直寛が武市の志を継ぎ「北光社」を設立。日曜休日、禁酒・禁煙、姦淫・賭博厳禁などキリスト教精神に基づく開拓が進められました。一八九七年には土佐から百二十戸が入植し二百十九戸まで増加しますが、相次ぐ自然災害に見舞われて二十年後に事業は途絶しました。しかし、北光社の信仰と理想は、アメリカ長老教会の宣教師G・P・ピアソン夫妻による北見教会に受け継がれています。

宇都宮仙太郎（一八六六～一九四〇）は豊前国中津に生まれ、上京して共立学校に学ぶうち牧畜業を志し、八五年北海道に移住、札幌独立基督教会に通うようになりました。八七年に渡米してウィスコンシン州農業試験場および州立大学で乳牛の飼育とバターの製法を学び、九〇年に帰国。札幌で牛乳を販売し、民間で最初のバター製造を開始しました。一九〇九年に再び渡米してチーズの製法を学び、乳牛を購入して帰国すると、米国式畜舎とサイロを建て、酪農の先駆者となります。一九一〇年札幌組合（札幌北光）教会で受洗、長老として教会の発展に貢献します。一九一三年には産乳組合長として、各教会員を動員し未曾有の大凶作の飢餓救済にあたりました。一九一四年北海道練乳株式会社創立、一五年から三〇年まで北海道産牛馬組合連合会副会長、一九年禁酒禁煙会会長、二〇年から三五年まで札幌酪農組合会長などを歴任。一九二五年に北海道製酪販売組合聯合会《れんごう》（雪印乳業）を設立して三五年まで会長を務めました。

黒沢酉蔵（一八八五〜一九八二）は、茨城から北海道に移住し、一九〇九年メソヂスト札幌教会で受洗、道会議員となり、宇都宮と共に北海道製酪販売組合聯合会を設立します。三三年には北海道酪農義塾（酪農学園）を設立、四〇年に北海道興農公社（雪印乳業）社長となります。四二〜四五年まで衆議院議員となり、戦後は雪印乳業相談役、札幌テレビ取締役、北海道開発審議会会長（五四〜七〇年）を務めるなど、北海道経済界の重鎮として活躍しました。そして札幌教会責任役員として奉仕し、一九六〇年以来、麻生、厚別、真駒内での開拓伝道を推進しました。

鈴江英一によれば、一九一〇年頃、札幌の南一条通りの西一丁目から西四丁目の「巨商街」とよばれた目抜き通りには、クリスチャンが経営する店舗が十九あり、信徒が五十九人いました。鈴江は言います。「なかでも紙店の藤井太三郎・専蔵父子、同じく紙店の長野命作、靴店の岩井信六、書店の中村信以《のぶしげ》、砂糖商の石田幸八などは、それぞれの教会でも活動の中心となった信徒であった。また北海道製酪販売組合聯合会（酪聯。雪印メグミルクの前身）を創立した宇都宮仙太郎・佐藤善七・黒沢酉蔵など一群の酪農家の存在も札幌のクリスチャン像を特徴づけた。[11]」

「北海道百年」(一九六九年)の折、北海道開拓功労者二百三十五人が選ばれますが、その約二割の四十二人はクリスチャンです。このように北海道開拓とキリスト教は深く結びついていました。これは高く評価されるべきでしょう。しかし、アイヌ民族の立場に立って考えれば、北海道開拓はアイヌモシリの侵略に他なりません。アイヌ伝道に生涯を捧げたイギリス教会宣教会(CMS)の宣教師バチェラーの働きは特筆に値します。しかし、それはアイヌ同化政策の大きな括りの中にありました。アイヌ民族のクリスチャンでバチェラーの養女となったバチェラー八重子の歌集『若きウタリに』には次の一首があります。[12]

野の雄鹿牝鹿子鹿のはてまでもおのが野原を追はれしぞ憂き

9 佐藤昌彦『北海道の開拓とキリスト教精神』北海青年社、一九四八年。昌彦は、札幌農学校の一期生で北海道大学の育ての親と言われる佐藤昌介の子で裁判官。

10 本多貢『ピューリタン開拓 赤心社の百年』赤心株式会社、一九七九年。工藤栄一「社会経済史的視角より見たる赤心社の北海道開拓とキリスト教」『明治学院論叢』46、一九五七年

11 鈴江英一『札幌キリスト教史 宣教の共なる歩み』一麦出版社、二〇一九年138頁

12 バチェラー八重子『若き同族(ウタリ)に』竹柏社、昭和六年(北海道編集センター復刻、一九七四年)

7 ノリタケの森村市左衛門、晩年の明確な回心と信仰

森村市左衛門（一八三九～一九一九）についてはよくまとまった伝記があります。[13] ここでは彼の回心と晩年の信仰を中心に見てみましょう。

森村市左衛門は、江戸の土佐藩御用達商の家に生まれ、戊辰戦争では政府軍に兵器と糧食を調達する一方、横浜で外国人に生糸を販売して財をなしました。森村は、謹厳実直な人で、四国の銅山、製塩事業、土佐物産、小樽の漁業など一八七二年頃まで多くの事業に失敗しますが、正直に謝ることで顧客の信頼を得てゆきます。御用商人でしたが役人から袖の下を求められるのが嫌で、政府の御用達（馬具製造）を返上しています。

森村は商売と民権の関係について次のように回顧しています。「民権が起こらなければ国が興るものでなく、商人が国の中心にならなくては、国が栄えるものでないといふような事を聞かされて、それに依って私は始めて時勢といふものがわかった」（回顧談）。「国民は決して政府といふ御者に追ひたてられる馬車馬ではありません。何れかと言へば、国民の方が、主人であるのです」（「至高の説話」）。

一八七六年、弟の森村豊とアメリカとの貿易のための森村組を創立し、陶磁器の輸出を事業の中心に据えて日本陶器会社を設立しました。名古屋の則武村に拠点を設け、これが現在では、ノリタケ、TOTO、日本ガイシ、日本特殊陶業、森村商事、大倉陶園を含む森村グループとなっており、その骨格は森村市左衛門によって創設されました。

土屋喬雄は、森村の経営理念を積極主義・進取主義、信用と公益性と見て、これが薄利多売に結びついたとします。森村も「詰まる所他人の利益、他人の為になると言う事を常に心に懸けて居れば必ず儲かるのです」と言っています。

弟の豊と長男の明六が相次いで病死する不幸にも見舞われました。そんな中、森村は弟と長男の名前をとって豊明会を組織し、文化・社会事業の支援を始めるのです。森村は「メセナ」（社会還元）、「フィランソロピスト」（篤志家）の先駆者であり、成瀬仁蔵により創設された日本女子大学に豊明寮を寄贈、北里研究所を支援し、私立高輪幼稚園および小学校を設立、数々の社会事業を支援しました。慈善について森村はこう言っています。

「慈善と言ふ事は、それは他人から見て、寄附した人の徳を賛する言葉で、富豪自ら慈善を施した等と、考へて自惚れると大なる間違ひが出来易いのである。是非共お互に

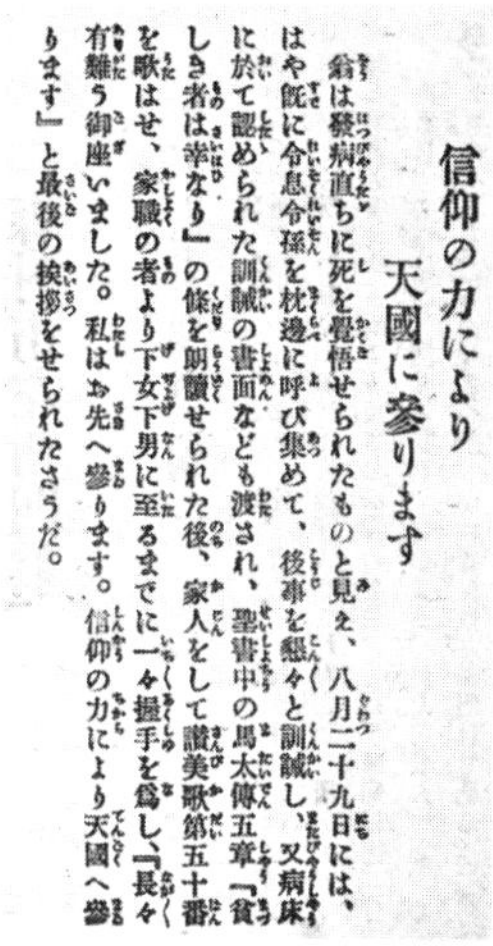
信仰の力により天國に參ります

翁は發病直ちに死を覺悟せられたものと見え、八月二十九日には、はや既に令息令孫を枕邊に呼び集めて、後事を懇々と訓誡し、又病床に於て認められた訓誡の書面なども渡され、聖書中の馬太傳五章「貧しき者は幸なり』の條を朗讀せられた後、家人をして讃美歌第五十番を歌はせ、家職の者より下女下男に至るまでに一々握手を爲し、『長々有難う御座いました。私はお先へ參ります。信仰の力により天國へ參ります』と最後の挨拶をせられたさうだ。

トラクト「基督に在りて逝きし森村市左衛門翁」日本基督教興文協会

財産を集めると共に、それを有効に社会に分配して同胞と共に楽しむ、といふ心懸けになりたいもので、左様なれば益々多く分配すれば、益々必要な財産を集めたくなり、不正なことをしては心配するに心苦しいから正々堂々集めるやうになって、子孫のためにも不幸となるやうな感化を及ぼす事はない」（「斯かる悪風潮は一掃したし」）。

森村を生かしていたのは、渋沢栄一と同じように儒教道徳、そして福沢諭吉やアメリカから学んだ新しい文化でした。森村はもともと熱心に仏教に帰依していましたが、師事していた僧侶（渡辺雲照）が一九〇九年に亡くなると、キリスト教に近づきます。

「余が基督教徒となりし理由告白」（一九一四年）によると、その理由は意外に些細なことです。ヨーロッパに滞在中、来客には留守と言うよう宿の「女中」に頼んで伝えておいたのに客を取り次いでしまった。それを責めると彼女は真っ赤な顔をして「私は嘘は言えません」と言う。そこで逆に森村が赤面してしまったという体験です。また、葬儀の後に作られた森村の証のトラクト（一九一九年）にも改宗の経緯が記されています。それによると、アメリカの森村組の薄暗い地下室で黙々と荷造りの仕事をする日本の青年が同志社出身のクリスチャンだった。信仰の善し悪しはその生き方に現れると考えてクリスチャンになったということです。

一九一三年頃から一九一九年まで森村はクリスチャンとして生き、一九一七年五月に好地由太郎（一八六五年〜不詳）から受洗しました。好地由太郎は、十七歳のとき奉公先の女主人を殺して放火するという罪を犯しましたが、未成年だったので無期懲役となった人です。そんな彼が安川亨、留岡幸助・夏子夫妻の感化で悔い改め、模範囚となって出所し、ホーリネスの伝道者となったのです（『鉄窓の二十三年』）。

柏木義円は『上毛教界月報』に森村市左衛門受洗の記事を書き、好地由太郎のことを詳しく紹介した後、「当今、実業界の巨人森村翁が、学者に由らず、大監督に由らず、此人に由て導かれ、此人に由て洗礼を授けられたと言ふは、実に奇跡と謂ふ可く、神の力と謂はなければならない」と報じています。

森村組のアメリカ支社を担っていた村井保固が先に信仰を持ち、同年二月に好地から洗礼を受け、熱心なクリスチャンになっていました。村井の家で好地に会った森村は「尋常人に非らざるを感じた」とのことです。

洗礼を受けた森村市左衛門は、「恰かも小児に返りし如く、胸中何の鬱血もなく私欲の念もなく」なったと述懐しています（『森村翁熱海一夕話』）。

日本同盟基督協会の千葉教会は一九一七年に会堂建築を進めていました。ところが九月末の「東京湾台風」で倒壊してしまいます。東京で五百六十三人、千葉で三百三十六人もの死者を出した台風でした。アルベルチーナ・ピーターソン宣教師は救援依頼に奔走しますが、これに応えて森村市左衛門は千五百円の援助をしています。巡査の初任給が二十円、板橋で一戸建ての家賃が十円という時代ですから、今で言えば千五百万円くらいの感覚でしょうか。ちなみに渋沢栄一も五百円援助しています。森村はピーターソンの千葉教会で信仰の証を語っています。同じく同盟協会のＣ・Ｅ・カールソン宣教師は、森村市左衛門の熱海の別荘を拠点に熱海の開拓伝道を進めました。大倉陶園の大倉孫兵衛も熱海に別荘があり、ここでも伝道集会が開かれています。

森村市左衛門は、長田時行牧師に導かれて信仰の証を残しました。トラクト「基督に在りて逝きし森村市左衛門翁」によれば、病床を見舞った渋沢に、「渋沢さん、斯うなって見ると神の有難さが一層判ります、人間界の事凡て神のお陰ですよ」と言い、長田時行牧師には「自分は一生の中に何も成功しないが、晩年基督教徒になったことが唯一つの成功だ」と語ったそうです。遺言には盛葬の禁止と医学研究のための献体が記されていました。植村正久は森村の訃報に接し、「基督において死にし実業家」という一文を書いています。

「森村翁は確に日本基督教の最近に於る偉観であつた。江戸人の俠骨稜々たるところに、堅忍不抜の気分を具へ、独立の精神に富み、実業家として大いに成功し、国家よりも其の功績を認められた人である。此れだけでも偉とするに足る。然るに翁が精神界に於ける経歴と成功とは物質界に於ける其れらよりも貴きものであつた、成功せる富者にして翁の如く精神界に根本的の更生をなし得たるが不思議である。基督教が決して失敗者落伍者精神衰弱者の宗教でないことは、翁の履歴によつても証拠立てられたのである。

人はや老いぬれば如何で再び生るゝことを得んや。高齢翁の如き人にして小児の如く新生命に入りたるは、吾人の驚嘆するところである。翁が全国に亘り其の老軀を提げ、火の如き熱誠を以て、天下公衆の前に基督の証人として立ちたる勇と気力とは、吾人の最も深く尊敬するところである。其の信仰を以て善き戦の生涯を終りたるは、最も光栄ある凱旋なりと謂はねばならぬ。吾人は彼の其の生涯と其の死のために神に感謝すべきである[14]」

森村市左衛門の経営理念は、土屋が指摘したように「積極主義・進取主義、信用と公益性」であり、このような生き方の中でキリスト教への入信に導かれました。「民権」を矜持とし、経済活動が軍国主義に利用されることをよしとせず、公共社会のために人を育て、社会の改善に尽力した経営者の精神は、今日にも受け継がれています[15]。

13　砂川幸雄『森村市左衛門の無欲の生涯』草思社、一九九八年
14　「基督に於て死にし実業家」『植村全集』第七巻、582頁
15　森村商事の代表取締役森村祐介氏は森村豊の孫にあたるキリスト者。

8 「天を仰いで人を恐れず」三井の女傑・広岡浅子の大志

戦前の日本において女性の経営者を探すのはむずかしいのですが、NHKの朝ドラ「あさが来た」で波瑠さんが演じた広岡浅子（一八四九〜一九一九）はその一人です。広岡は京都油小路出水の三井家に生まれ、二歳で大阪の両替商、加島屋広岡信五郎の許嫁《いいなずけ》となりました。加島屋は、幕末に各藩などに九百万両（約四千五百億円）を貸付けていた大店です。女に学問は不要であると読書を禁じられるような時代に独学で簿記や算術を学び、明治維新の動乱と困難の中で加島屋の事業を背負って立つことになります。一八八四年頃炭鉱経営に乗り出し、一八八八年頃加島銀行を設立、綿花の広岡商店を開業し、尼崎紡績（現ユニチカ）創設に参加、一九〇二年には大同生命設立にその手腕を発揮しました。保険というまだ事業として成り立っていない分野に、互助の精神を実現すべく着手したことは注目に値します。

また、成瀬仁蔵と出会い、一九〇一年に日本女子大学を設立しました。一九〇四年に夫が逝去すると娘亀子の夫（一柳）恵三（妹は満喜子、その夫はヴォーリズ）に経営を譲り、還暦の大病を契機に一九一一年のクリスマスに大阪教会で宮川経輝牧師から受洗、YWCAなどで社会貢献に奔走し一九一九年に亡くなっています。実業家として成功し、後年クリスチャンとなったところは森村市左衛門と似ています。大隈重信は広岡を評し、「人生の艱難は浅子を玉成し、ついに浅子をして稀有の女傑たらしめたのである。（中略）浅子は女ではあるものの、恐らく三井十余家の人物中で、最も秀でた人であろう」と言っています。

広岡浅子は「九転十起生」と号し、洗礼から六年後、召天の前年に『一週一信』[16]を著しました。

広岡浅子　（国立国会図書館「近代日本人の肖像」提供）

「キリストに救われてここに十年、単にわが身の安心立命をもって足れりとせず、国家、社会の罪悪をその身に担うてこれと闘うにあらざれば、真に十字架を負うてキリストに従う者にあらざるを悟り、人を恐れず、天の啓示を仰いで、忌憚なき叫びを挙げたものであります」

第一次世界大戦後の世界について彼女は言います。「私どもは今やこの誤れる時代遅れの軍国主義に対して戦いを挑むべき時ではあるまいか。ゆえに一般国民は暫く措いて、我らクリスチャンは大々的計画を立てて、国民性の改造、あるいは国民思想指導のために、キリスト教大学を建つべきではあるまいか。」

その可否は金の問題ではなく、根本的画策のありや否やによって決定せられるとし、当時のキリスト教界に苦言を呈しています。「今日のような小規模のキリスト教事業は、もはや天の喜び給うところではあるまい。箱庭的伝道方法、即ちここや彼処に石が足りない松が足りないといっては、石や松をそこや彼処に植えたりするような行《や》り口は一向に感服しない、のみならず全然世界の大局とは没交渉な方寸《ほうすん》である。」

地道に伝道に勤しむ人たちには反感を買ったかも知れませんが、広岡の真骨頂はこうした思考のスケールの大きさです。「最も小さなことに忠実な人は、大きなことにも忠実」（ルカ一六章一〇節）な広岡の「神の国」のビジョンは、かつて李御寧《イオリョン》が『「縮み」志向の日本人』で指摘した日本人の精神性には収まらないものでした。

広岡は入信後の自らについて言います。「その後の私は、休むにも活《はた》らくにも神の御命《みことば》を離れては何事もなすまじと決心いたしました。昔は一片の義侠心もしくは国家のためというだけの動機によって人の世話や世間のことに当たってきましたが、今後は凡て、個人のことも家庭のことも、また社会のこともことごとく、神の聖旨ということを標準として致したい。即ち真意に従って尽くすべきはあくまで尽くし、争うべきは断じて争う決心をしました」。

広岡浅子の経営理念は、土屋喬雄が森村市左衛門について指摘した「積極主義・進取主義、信用と公益性」に類似しています。そして、その先にキリスト教への入信があったことも似ています。広岡は女性の地位向上のために女子教育に心を尽くし、軍国的国家に反対する経営者でした。

16　広岡浅子『人を恐れず天を仰いで　復刻「一週一信」』新教出版社、二〇一五年

9 「そろばんを抱いたクリスチャン」ライオンの小林富次郎

小林富次郎（一八五二〜一九一〇）は、埼玉県与野の酒造業者の家に生まれ、新潟の柏崎で育ち、二十五歳で上京、向島小梅の石鹸製造「鳴春社」で働きを始めます。[17] 神戸の鳴行社に勤めていた一八八八年十一月四日、ある芝居小屋の耶蘇教退治駁耶演説会における僧侶たちの不真面目で浅薄な罵詈雑言と、翌日の基督教演説会の熱心で真面目な態度の違いに感服して志道者になりました。同年、多聞（神戸多聞）教会で長田時行から受洗します。一八九一年、担当するマッチ軸製造のため石巻に工場を設けましたが、不慮の災害により大被害を受け、思い詰めて北上川に身を投じようとします。その時、長田が書き送った聖句、「こういうわけで、このように多くの証人たちが、雲のように私たちを取り巻いているのですから、私たちも、一切の重荷とまとわりつく罪を捨てて、自分の前に置かれている競走を、忍耐をもって走り続けようではありませんか[18]」（ヘブル一二章一節）が脳裏に甦り、奮起して上京、神田柳原河岸に石鹸とマッチ原料を取り次ぐ小林富次郎商店を開業しました。所属した本郷（弓町本郷）教会の海老名弾正から粉歯磨きの製造法を聞き、

映画フィルム「小林富次郎葬儀」（東京基督教青年会館）。日本における最初期の記録フィルムは、重要文化財となっている。

一八九六年にライオン歯磨きの製造販売を開始することになります。

小林富次郎商店は、石井十次の岡山孤児院を創立期の一八八八年から支援しています。一九〇〇年に小林自身が重篤な病から恢復したことに感謝して始められたのが、米国の石鹸会社カーク商会の例に想を得た慈善券の発行でした。歯磨き粉の箱に一厘の引換券を入れたもので、集められた慈善券が慈善事業の資金に提供されるというものです。発行分の金額は引換の有無に関わらず慈善事業にささげられ、その総額は一九二七年に二十八万五千九百二十三円七十三銭となりました。東京で庶民の家の家賃が月十二円ほどだった時代のことです。

一九一〇年十二月十三日に亡くなると、十六日の葬儀には会葬者二千人、弔電三百二十三通、松方侯其外の弔辞五十一件、大隈伯、清浦子其他の電文七百三十三通が寄せられたといいます。三十五ミリフィルムに記録された彼の葬儀は、最初期の記録フィルムとして国の重要文化財に指定されています。これを見ると国民の関心がいかに高かったかがわかります。

ライオン歯磨きの事業は、養子の喜一が二代目小林富次郎として継承し、その長男の喜一が三代目小林富次郎となり、合併後のライオンの会長となりました。

17　井上胤文『信者之足跡』ライオン歯磨本舗、一九二八年

18　文語訳聖書では「是故ニ我儕カク許多《オホク》ノ見證人《モノミビト》ニ雲ノ如ク圍レタレバ諸《スベテ》ノ重負《オモキモノ》ト縈《マト》ヘル罪ヲ除キ耐忍《タヘシノビ》テ我儕ノ前ニ置レタル馳場ヲ趨リ」

10 社内伝道に川合信水を招いたグンゼの波多野鶴吉

波多野鶴吉（一八五四〜一九一八）は、丹波国綾部の素封家羽室家に生まれ、幼くして波多野家の養子となります。京都中学を中退し京都や大阪で遊蕩にふけったこともあったそうです。一八七九年、京都に数理探究義塾を開いて教師となったり、貸本屋を開いたりしましたが長続きせず、八一年郷里に戻り、蚕糸業や小学校教員などをするうち、同業の高倉平兵衛や新庄倉之助から感化を受け、一八九〇年に留岡幸助から受洗しました。

青年期の波多野鶴吉（『波多野鶴吉翁伝』郡是製糸株式会社）

九一年京都府蚕糸業組合頭取となり、一八九六年綾部に郡是製絲株式会社（グンゼ）を創設、一九〇一年に社長に就任します。波多野が計画し、同志の片山金太郎が実現するという形で事業が進展しました。波多野は丹波第二（丹陽）教会の発足に尽力し、社内教育にキリスト教を本格的に取り入れます。

一九〇九年には東京で独立伝道をしていた川合信水を迎えて社内教育のさらなる充実を図りました。川合はのちに基督心宗教団の創始者となる人で当時四十二歳、群馬の共愛女学校校長を経て東京の押川方義のところに身を寄せていました。「職工を教育して善い人にしたい」という波多野に、川合は「職工を善くしたいと思うなら、先づ第一に貴君御自身が善くならなければなりません」と応じたそうです。波多野は五十五歳、丹陽基督教会の執事で蚕糸業界のリーダーですが、これを謙虚に受け止め川合を迎えたそうです。[19]

内田正牧師を迎えた丹陽教会は一九一〇年、郡是製絲の女工を信徒に加えて会員三百三人となっています。川合は、陽明学の知行一致をキリスト教によって実行した人で、教育部を設け、生産性の向上のためではなく人間教育のための活動を行いました。波多野は全国の製糸工場を見学し、見習うべきは鐘紡の社員への待遇であるとした上で、それを超える社員教育をめざしました。

波多野が、所持する時計の蓋に記したヨハネ伝第四章三十四節「われを遣しし者の旨に随ひ、其工を成畢る、是わが糧なり」は、彼が事業を経営する上での基本的信念であったろうと土屋喬雄は見ています。川合信水によって作られた社訓は以下のとおりです。

「誠」ヲ一貫シテ「完全ノ天道」ヲ尊崇シ常ニ謙リテ　1、完全ノ信仰ヲ養ヒ　2、

完全ノ人格ヲ治メ　3、完全ノ勤労ヲ尽シ　4、完全ノ貢献ヲ為スコトヲ祈願シ実行ス

19　大塚榮三『郡是の川合信水先生』岩波書店、一九三一年

11　森永製菓の森永太一郎『キヤラメル王の体験談』は懺悔録

森永太一郎（一八六五～一九三七）は、伊万里焼の問屋に生まれました。四歳で父を亡くすと、家屋敷は人手に渡り、母方の伯父に身を寄せますが、母の再婚によって孤児となり、親戚を転々としました。伯母の結婚を機に、その婚家山崎家に入籍して山崎太一郎となり、行商などをした後、一八八八年に渡米し、ハリスや美山貫一の世話になり、オークランドで回心しました。

「『基督信者の信じて居る救ひ主イエスキリストが今も活ける救ひ主ならば生ける主なることを知らして下さい』と真面目に始めて祈つた。（中略）跪づいて此の祈りをなすと同時に『汝の罪は赦されたり、汝の名は天にある生命の書に録されたり』との御声が何処からであるか電光石火の如く私の魂に閃くと、同時の瞬間に全智全能の神は永遠の父なる神にてあることを明らかに知らせられたので私は喜びに充された[20]」

ハリスから洗礼を受けたのは一八九〇年、その後、菓子の製法を習得し、一八九九年に帰国し、キャンディー類やチョコレートの製造販売業を創業しました。

「アブラハム、イサク、ヤコブを恵んで地上の為にも豊かに与へ給ひし全能の神の慈悲、憐憫《あわれみ》、私にも不可思議の御手を以って米国で業を授け帰朝して業を創むるや、数ヶ月の後一度販売の開拓せらるるや、至る処に販路は拡がるばかりであつた。」（47頁）

しかし、日本は高温多湿で商品が溶けて返品が続出します。森永はこれを受け取り新品を納品するという対応で信用と同情を得ました。やがて溜池町の表通りに工場付店舗を構えることができました。白壁にMorinaga's American fresh Candies and Chocolates と記すと、米国公使夫人の目に留まり、宮内省御用達ともなることができました。創業当時、森永はテモテ前書六章六～十二節を戒めのため壁に掲げていました（50頁）。

「神を敬ひて足ことを知は大なる利なり、我ら何をも携へて世に来らず亦何をも携へて往こと能はざるは明かなり、それ衣食あらば之をもて足れりとすべし、富まんことを欲する者は、患難とわなまた人を滅亡と沈淪に溺らす所の愚にして害ある萬殊の欲に陥るなり」

しかし、事業の成功と共に彼は誘惑に陥り、酒に溺れ信仰から迷い出てしまいます。そんな彼を、信仰の友が訪ねて祈り励ましたことで彼は悔い改めに導かれました。

「私が凡俗となつて、名利の奴隷となり金銭や物質偶像崇拝者となつて居る時、百万長者を夢見て野心満々たる際は神に感謝の念も皆無となつた、そして営業の発展も自己の働き自己の能力《ちから》のみによつて成し遂げられつゝあると考へて居つた際に、耐へ忍んで訪問せられつゝあつた兄弟が二三あつた。」（62〜63頁）

三人とは松野菊太郎と木原外七、砂本（貞吉）で、要領を得ない訪問を森永は迷惑と思います。しかし、一九三〇年十二月、病の妻タカ子の死を覚悟したとき、早く還れとの主の招きを聴き、「主よみもとにちかづかん」の讃美歌が心の底から湧いて出たのでした。

とはいえ「救ひを得て后凡そ十年間聖徒として歩むべき道を教へ導かれながら尚且再び永

の年月、数十年間堕落したのである」（68頁）ということで、一人で祈る勇気が出ず、先の三人に来てもらい、妻の病室で祈りをささげます。「さまようたる不忠の僕、卅数年サタンの擒となつた私に、再び御召出しを蒙むり、『行け』証詞をせよとの御声は誠に意想天外、とは此事である」（71〜72頁）。こうして森永の信仰が甦りました。引用してきた森永の自伝『キヤラメル王の体験談』の内題は「懺悔録」です。社長を松崎半三郎に譲り相談役となった彼は、「我は罪人の頭なり」と題し、全国の教会で証しをし、社内伝道にも努めました。青山霊園の森永太一郎の墓には「罪人の中我は首なり」と刻まれています。右に先妻セキ子、左に後妻タカ子の墓があり、それぞれ「信　望　愛」、「神は愛なり」と刻まれています。

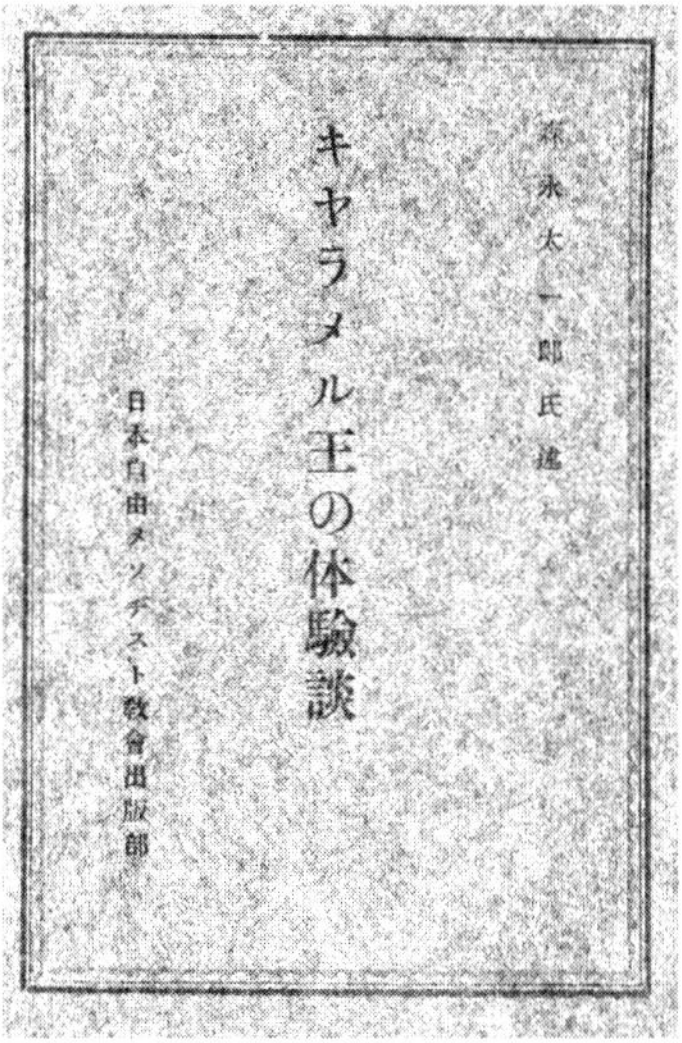

森永太一郎『キヤラメル王の体験談』日本自由メソヂスト教会出版部、1935年

20　森永太一郎氏述『キヤラメル王の体験談』（内題「懺悔録」）日本自由メソヂスト教会出版部、一九三五年、23頁

12 中村屋の相馬愛蔵と黒光のキリスト教ヒューマニズム

相馬愛蔵（一八七〇～一九二九）は長野県南安曇郡東穂高村に生まれ、松本中学に学びます。先輩に木下尚江、同級生に井口喜源治がおり、東京専門学校（早稲田大学）に進むと木下尚江や田川大吉郎らがいました。相馬は『一商人として』で次のように回顧します。[21]

「しかし当時、私に最も大きな影響を与へたのは、学校よりも教会であつた。私は早稲田に入ると、その十七歳の夏頃から友人に誘はれて、牛込市ヶ谷の牛込教会へ行くやうになつた。十三歳の春に始まつた私の寄宿舎乃至下宿屋生活はまことに殺風景で、いま思へば私はこの間にかなり人間としての自分を枯らしたやうに思ふが、その反対に教会ではうるほひゆたかな雰囲気に浸ることが出来た。」（203頁）

相馬はこの時期、早稲田の学友である宮崎湖処子、野々村戒三らと交流し、矢島楫子、大関和子、三谷民子との知遇を得、押川方義、植村正久、内村鑑三、松村介石、本多庸一、小崎弘道らの教えを受け、島田三郎、巌本善治、津田仙、山室軍平らに接したと言います。からキリスト教三昧の青年期でした。しかし、教会は「うるほひゆたかな雰囲気に浸る」ところに留まり、彼は木下尚江や井口喜源治と親しい関係を保ちつつ、キリスト教ヒューマニズムに生きることになります。

一八九〇年に早稲田を卒業した相馬は、月給取りになるのがいやで、キリスト教の伝手《つて》で一年程北海道に行きますが、郷里に呼び戻されます。養蚕に取り組むと、三年後には『蚕種製造論』、『秋蚕飼育法』を著し、さっそく研究熱心と創意工夫の資質を現しています。また、相馬はキリスト教伝道にも熱心でした。

「信州は維新当時廃仏毀釈の行はれた処であるだけに、外来の新宗教の入り易い点があつた。近村には既にメソヂスト派の牧師がをり、土地で名を知られてゐる青年三沢亀太郎氏も既に信者になつてゐた。私はこの三沢氏と共に牧師を援けて伝道演説をするやうになり、寒い夜でも彼方の村此方の村と集りに出かけて、随分熱心に説き廻つた。また禁酒会を起し、会員数十名に上り、自分がその会長になつた。これには内村鑑三先生や山室軍平氏なども応援演説に来会され、心から共鳴する青年が続々とあらはれて、中

でも第一に殉教的熱情を示したものに井口喜源治氏があつた。」（209～210頁）

相馬は、栃木県那須野ヶ原の孤児院を支援するため訪れた仙台で押川方義に星良（後の黒光《こっこう》）を紹介され、一八九七年に牛込教会で結婚しました。二人は安曇野の暮らしを喜び二人の子に恵まれますが、「都会に於て受けた教養と、全身全霊を打ち込まねば止まぬ性格と、それには周囲があまりに相違し」、良は心身の疲労で病んでしまいます。そこで一九〇一年に東京に出て、素人でもできる新しい商売としてパン屋を選び、売りに出た本郷の中村屋を丸ごと買い取って商売を始めました。

相馬は『一商人として』の「序言」でこう言っています。「もし中村屋の商売の仕方に何か異つたものがあるとすれば、それは皆素人としての自分の創意で、何処までも石橋を叩いて渡る流儀であり、また商人はかくあるべしと自ら信ずる所を実行したまでのものである」。夫妻が掲げた「五ヶ条の盟」は、営業の目鼻がつくまで衣服は新調しない、主人も店員も同じ食事、米相場や株には手を出さない、仕入れは現金でする、三年間の家族の生活費は養蚕で得る、というものでした。販売手数料を求められても拒否し、店員を家族のように大切にし、顧客の満足を優先するというスタイルの商売は順調に進展します。六年後には新宿に出店し、一九二三年には株式会社となり、一九三九年には店員が三百三十人となりました。

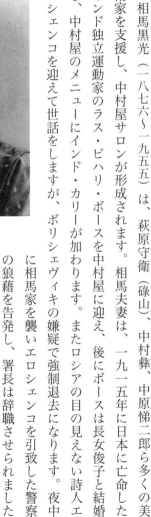

相馬黒光（一八七六〜一九五五）は、萩原守衛（碌山）、中村彝《つね》、中原悌二郎ら多くの美術家を支援し、中村屋サロンが形成されます。相馬夫妻は、一九一五年に日本に亡命したインド独立運動家のラス・ビハリ・ボースを中村屋に迎え、後にボースは長女俊子と結婚し、中村屋のメニューにインド・カリーが加わります。またロシアの目の見えない詩人エロシェンコを迎えて世話をしますが、ボリシェヴィキの嫌疑で強制退去になります。夜中に相馬家を襲いエロシェンコを引致した警察の狼藉を告発し、署長は辞職させられました。そして、中村屋のメニューにボルシチが加わりました。

相馬良（黒光）

土屋喬雄は、相馬夫妻のキリスト教ヒューマニズムに基づく経営に注目し、その経営理念を書き残した数少ない一人として評価し、特に『一商人として』、『商店経営三十年』、

『私の小売商道』、黒光の『黙移』は重要、としています。しかし、一九一〇年代には夫妻ともにキリスト教の信仰からは離れてしまいました。

相馬は、井口喜源治の研成義塾にも関わりましたが、井口の死後、次のように振り返っています。


「私は井口君がその一生を通じてこの信念に専らにして、少しも遅滞する処なかつた勇猛心に対して、心からの敬意を捧げるものであるが、君をして斯る不遇の生涯を送らしめたその源はといへば、自分が基督教と禁酒主義を故郷に移し入れたに因る。私はいまこれを思ふて実に感慨に堪へぬのである。

当時の基督教は全く亜米利加直輸入で、我が国情の異るまゝを疑ひもせず行はうとした。私は基督教が日本の文化に与へた功績を決して見落すものではないが、これを丸呑みにして悉く欧米の風習通りに遵はねばならぬとした宗教界の先輩や牧師等の不見識は、玉に疵の憾みなきを得ない。」（212頁）

相馬は『一商人として』に「内村鑑三先生と日曜問題」を書いています。

「内村鑑三先生は或時私に対つて『日曜日だけは商売を休んで、教会で一日を清く過ごすことは出来ませんか』と勧められた。一週に一日業務を休んで宗教的情操を養ふことは望ましいが、我国の如く未だ一般に日曜休みの習慣なく却つて商売の最も多いその日を休むことは営業上にも宜しくない上に多数のお客様の便利を考へぬ身勝手な仕方であると思ひ、これは先生の忠言にも従ふことが出来なかった。」（39頁）

相馬も悩んだようです。十日に一日の休みもとれない状況の中、日本橋の洋品店ワンプライス・ショップや神田の書店中庸堂が、日曜休業を断行する勇気に敬服して注目していたそうですが、両店とも挫折したのを見て、「あゝ私もあの時理想を行ふに急で日曜休業を実行してゐたとしたら、中村屋も同じ運命を免れなかつたに違ひない、危いことであつたと思つた」と書いています。安息日は神の恵みの手段であり、キリスト教の精神そのものなのですが、そのようには受け取れなかったようです。

21　相馬愛蔵『一商人として』岩波書店、一九三三年

13 カネボウから政治へ、武藤山治の臨終の洗礼

武藤山治《さんじ》（一八六七～一九三四）は、美濃国海津郡海西村の豪農佐久間国三郎の子として生まれ、士族の武藤家を継承しました。父の国三郎は岐阜県議、議長、衆議院議員も務めた名望家で、新知識を求めて読書を好み自宅に図書室を設け、入交好脩《いりまじりよしなが》によればキリスト教に帰依し自宅に教会を設けました。[22] 武藤は自由民権の思想を抱いた父の勧めで慶応義塾に学び、福沢と中上川彦次郎の薫陶を受けました。一八八五年に第一回ハワイ移民団一千人と同船して渡米しますが、松方デフレの影響で生家が打撃を受けたため、苦学を余儀なくされました。しかし、そこで学んだ労働経験が、後に経営者としての家族主義と温情主義に生かされることになります。ヒューマニスト、デモクラット、合理主義者としての彼はそこで形成されました。帰国後、親戚の武藤家の養子となり、ジャパン・ガゼット記者として後藤象二郎を応援、その後三井銀行に転じ、三井銀行からの派遣で一八九四年に鐘淵《かねがふち》紡績株式会社兵庫分工場支配人となり、以後三十年余、鐘淵紡績（カネボウ）を一大紡績会社に発展させます。

土屋喬雄は、武藤の自叙伝に「すでに早くキリスト教的信仰を抱き、世の実業家達が、社交的宴会の夜の時間を空費する愚を避けて、静かに家庭にあって、研究と静養に費すことを常とした」と記されていることにふれて言います。

「彼が日本経営史上、抜群の経営者となり得たのは、単に『経営手腕』の優秀さや経営努力のたくましさの故だけではない。彼の人間性の卓抜さにも帰せられなければならない。彼の人間性の卓抜さとは何かといえば、結局は道義観、人生において高邁な理念をもっており、しかもその実践において誠実さと勇気をもっていたということにほかならないというべきであろう。」（6頁註3　220頁）

武藤山治　（国立国会図書館「近代日本人の肖像」提供）

『女工哀史』で紡績工場での過酷な労働を描いた細井和喜蔵ですら、鐘紡賞賛の言葉を記しており、ラディカルな劇作家の久板栄二郎も『千万人と雖も我行かん』（一九四九年）において以下のように武藤を評しています。

「武藤という人は、鐘紡の育ての親であり、鐘紡的家族主義・温情主義の実現者で、当時においても既に世間から温情主義の欺瞞性と偽善的性格を指摘されていたのでありますが、色々この人を研究してみまして、本人の主観としてはそういう意識はなく、全く本心から大真面目にやっていた事が、客観的には『資本主義の機構の中では温情による作業員の優遇が、かえって能率を上げ、余剰価値を生む』という結果を生んでいるのだということが分り、そこに大きな興味を覚えたのでありました。」（6頁註3 232頁）

こうして経営者としての功績を残した武藤は、政界の浄化のため実業同志会を創立、一九二四（大正十三）年の衆議院議員選挙で十名の同志と共に当選、国民同志会と改名し、『通俗政治経済問答』（一九二五年）で普通選挙制度を訴え、政財界の腐敗に対して痛烈な糾弾演説を行いました。武藤は、『実業読本』（一九二六年）において次のように語ります。

「吾国に於ては、武家制度がなくなつてから、武士道の精神は漸次衰えつゝある。之に代つて吾々が受入れねばならぬのはこの実業の精神である。（中略）繰返して言ふ。実業とは、虚業に対し、真面目に働らく者の仕事の総称である。それが地主であらうが、小作人であらうが、店や工場の主人であらうが、其の雇人であらうが、皆実業に従事する者である。」

この「実業の精神」こそが、武藤の経営と政治の理念でした。彼は自尊心、自制心、自治精神、博愛の精神、卑屈心、品性、理想、研究の必要、使ふ人使はれる人、責任観念、協同の精神、失敗、金儲の秘訣について語り、最後に人生の真意義について次のように言っています。

「若し人生なるものが、相互に満足を欲し、その満足なるものを、己の快楽又は物質的成功に置くとすれば、人類社会は、永遠の闘争より免るることが出来ないであらう。これに反し、若し各人が人生の真意義を今少しく高いところに置いて、社会全体の為に奉仕したといふ自覚の中に真の満足と愉快を見出すに至らば、茲に始めて階級闘争の念は消滅する。故に現代社会の制度に向かつて不満を抱く人々は、形の上に相争ふて、其の目的を達せんとするよりは、人の心の改造に向かつて、其の努力を捧ぐべきである。」

一九三二年に政界を引退した武藤は、時事新報社の経営にあたり、社会悪を暴く鋭い筆は政財界にセンセーションを巻き起こし、帝人事件で齋藤実内閣は総辞職しました。そのような折、彼は凶弾に倒れたのです。死の間際に三女の勝子が洗礼を授け、遺体の枕元にはロマ書や福音書などの愛読書が置かれ、鐘紡の社葬の前に夙川教会で葬儀が営まれ洗礼名ヨゼフが与えられました。[23]

22　入交好脩『武藤三治』吉川弘文館（人物叢書）、一九六四年（新装版30頁）

23　澤野廣史『恐慌を生き抜いた男 評伝・武藤三治』新潮社、一九九八年、290〜295頁

14 財産を活かす達人、クラボウの大原孫三郎

大原孫三郎[24]（一八八〇〜一九四三）は、備中第一の富豪と称された大地主、米問屋、繰綿問屋の家に生まれ、父孝四郎の倉敷紡績を継承しました。小学校でキリスト者板倉節太郎の薫陶を受け、同窓の山川均、高戸猷《はかる》らとは生涯の交友があったそうです。東京専門学校（早稲田大学）に進学し、足尾鉱毒事件に義憤を感じて現地に行ったりもしますが、大方は遊蕩に日々を過ごし莫大な借金をこしらえて父にすがることになりました。これに深く悔悟し、二宮尊徳の『報徳記』を読み、岡山孤児院の石井十次の講演を聞き大きな影響を受けます。倉敷の薬商の林源十郎の紹介で石井との交流が深まり、一九〇一年には早くも岡山孤児院の基本金管理者となっています。

若き日の大原孫三郎

一九〇〇年の日記には、「日本人として開拓すべきは台湾にあらず、北海道にあらず、日本人そのものの心霊

上の開拓これ急務なるかな」、「総ての言葉、口より生ずるものは神より生ぜざるべからず、活ける書物は、聖書あるのみ」、そして「忠君愛国的道徳は、乱世時代の道徳である」と書き、さらに岡山孤児院については、「孤児院のために働くは、孤児院のために働くにあらず、石井のためには勿論あらず、また石井の事業にあらず、世界の事業である。神のための事業である」と書いています（6頁註3 327～328頁）。

一九〇二年の日記には、「余は昨年甦りてこの元旦を迎えることを得たるを感謝す。（中略）この五年間の事を顧みれば実に恥しく感ぜざるを得ない。然るに昨年は、二十世紀の第一年において、余の心霊上に大なる改良を加えさせ賜うた。この二十世紀は余にとって改革の世紀であると思う。謹んで神の御心に随って余の一心をこの改革に捧げんと思う。この五年間、父母が毎年の元旦を迎えられる所感は如何であつたであろうか。余の乱行時代と妻を与えられてから迎うる今日の元旦は如何」。そして、三月十五日の日記に「余がこの資金を与えられたのは、余の為にあらず、世界の為である。（中略）余はその世界に与えられた金を以て、神の御心に依り働く者である」と志を記しています（6頁註3 328頁）。

大原は一九〇四年に肋膜炎を患い、一年の静養期間に新旧約聖書を読み、一九〇五年に倉敷基督教会で溝手文太郎から洗礼を受け、翌年には教会設立者の一人となります。すでに述べたように大原はまず岡山孤児院の後援者となり、倉敷奨学会を興し、日曜講演という文化事業を主宰しました。岡山孤児院は一九〇六年頃、一万一千二百坪の敷地に家族舎五十棟を建て、千二百人の孤児を収容しますが、これを支えたのが大原でした。土屋喬雄も指摘するように、彼は多くの経営者と違い、大富豪の後継者として社会事業・文化事業から始めて企業系に進み先代を越える事業家になるのです。

大正期から昭和初期頃の倉敷紡績の工場。（写真：倉敷市文化振興課提供）

一九〇六年に二十七歳で倉敷紡績（クラボウ）の社長、倉敷銀行頭取となります。以後三十三年間で、資本金を七十七倍、紡錘量を百十一倍の五十万錘にしました。人事を刷新し、設備投資と工場拡張・合併などめざましいものがあります。その中で土屋が特筆するのは、労働問題に対する理想の実現に努力、邁進したことです。福利厚生面での分散式家族的寄宿舎は画期的でした。一九二六年には倉敷絹織株式会社

（倉敷レイヨン、現在のクラレ）を設立して会社の多角経営を進めました。倉敷銀行を含む六銀行が一九一九年に合同し、一九三〇年には中国銀行となり、この頭取も大原が務めます。六百町歩の大地主であった大原は、一九一四年に財団法人大原奨農会農業研究所を設立し、一九二九年には大原農業研究所となります。また彼は社会問題に取り組み、一九一九年には大阪に大原社会問題研究所、一九二一年には倉敷労働科学研究所を設立します。さらに、一九二三年には倉紡の付属総合病院として倉敷中央病院を設立し、一九三〇年には大原美術館を設立し、児島虎次郎を長年援助して収集した絵画を展示しました。このように多岐にわたる大原孫三郎の活動について大内兵衛は次のように語っています。

大原孫三郎が創設した倉敷中央病院。昭和初期撮影。（倉敷市文化振興課提供）

「大原孫三郎は、大正・昭和を通じて大阪以西において最大の事業家であったが、彼は、その作りえた富を散じて公共の事業をしたという点では、三井も、三菱も、その他いかなる実業家よりも、なお偉大な結果を生んだ財界人であったといっていいと思います。もう一度申します。金を儲けることにおいては大原孫三郎よりも偉大な財界人はたくさんいました。しかし金を散ずることにおいて高く自己の目標をかかげてそれに成功した人物として、日本の財界人でこのくらい成功した人はなかったといっていいでしょう。[25]」

大原孫三郎に決定的影響を与えた石井十次は大原の「心友」でした。彼が一九一四年に亡くなると、大原はめざましい社会貢献の反面、花柳界に遊ぶことが繁くなります。これを戒めたのが一九二三年に倉敷教会に赴任した田崎健作牧師でした。二人は大喧嘩しますが、大原は生活を改めようと努め、田崎は大原の内面の苦悩を理解するようになり、大原は新たな心の友を得ることになりました。

24 城山三郎『わしの眼は十年先が見える　大原孫三郎の生涯』飛鳥新社、一九九四年
25 大内兵衛『高い山 ―― 人物アルバム』岩波書店、一九六三年

15 信仰と事業は一つ、白洋舎の五十嵐健治

五十嵐健治（一八七七〜一九七二）は、自由党の県議、船崎資郎の子として一八七七（明治十）年に新潟に生まれました。両親の離婚により五十嵐幸七・ゆみの養子となります。高等小学校を卒業すると十四歳で玩具商や呉服商に丁稚奉公しますが、家出して放浪するような青年期を過ごしました。十七歳で日清戦争の軍夫を志願し中国に渡り、三国干渉に憤慨して復讐のため北海道からシベリヤへ渡航を企てますが、騙されて北海道の原生林で重労働を強いられることになりました。

脱走して原生林の中を小樽まで逃げたとき、旅商人の中島佐一郎から福音を聞き、物質的な豊かさではなく精神的な豊かさを求めて、小樽市中の井戸で中島から洗礼を受けました。函館の洗濯屋での働きが認められ、東京の洗濯屋に就職して宮内省掛となり、これが縁で三井呉服店に就職することになります。同信会の礼拝を守り、伝道に励みながら三井呉服店に十年程勤務し、ぬひ夫人と結婚して二男二女に恵まれました。当時、クリーニング業は蔑視されやすい業種でしたが、五十嵐は信仰により、洗い清める仕事を尊び、一九〇

六年に白洋舎を設立してドライクリーニングの技術開発に努めます。翌年、ベンゾールと自ら開発したベンゼンソープによる日本初のドライクリーニングに成功しました。ところが開発した機械が稼働中に爆発して五十嵐は大火傷を負います。その時のことを五十嵐はこう語ります。

「せっかく願いがかなって新しい工場を与えられ、これから思う存分活躍しようという矢先き、この災難である。もし私に神を信頼する信仰がなかったならば、どんなに失望して悲観したことであろう。この時も私の心を力づけ励ましたものは聖書のことばである。その中の一節を左に摘録する。

五十嵐健治

『主、その愛する者をこらしめ、すべてその受けたもう子を鞭ちたまえばなり。……霊魂の父はわれらを益するために、その聖潔《きよき》にあずからせんとてこらしめたまえばなり。すべてのこらしめ、今は喜ばしと見えず、かえって悲しと見ゆ、されどのちこれによりて練習する者に、義の平安なる果を結ばしむ、されば衰えたる手、弱りたる膝を強くせよ。』（ヘブル12章6〜12節[26]）」

五十嵐の信仰による経営を『恩寵の木洩れ日』から紹介しましょう。ドライクリーニングの技術開発について、「祈りつつみずから工夫したものである。しみぬきをするにも祈りつつ工夫し、うまく抜けると神に感謝した」（140頁）。競争相手が現れると「変にきこえるかも知れないが、その時も頼むものは聖書のみことばであった。『神もしわれらの味方ならば、誰かわれらに敵せんや』。繰りかえし、繰りかえして、みことばを思い出して励まされるのであった」（143頁）。その結果、競争相手が出ることは歓迎すべきことであると悟った、と言います。創業五年で従業員も二十名以上になった頃、名古屋進出の話がでます。経営者としては足場固めの時期と考えて見送ろうとしますが、「仏教に熱心な名古屋市民にキリストの福音を伝える機会ともなれば、万一事業が失敗に終わっても悔ゆるところがない」（152頁）という考えが浮かんで進出を決めています。

白洋舎は、注文取りの箱車に黒塗り金文字で「白洋舎」と記すなど、目立つ宣伝に努めます。それは「洗濯業はもっともみじめな仕事であるけれども、（中略）その存在と便益とを知らせるため」でした（171頁）。創業十年の頃、社内に反旗を翻す者が出て、白洋舎は「転覆」の危機に見舞われます。五十嵐が受けた精神上の苦悩は言語に絶するもので、十年の苦心が水泡に帰すかに思われました。五十嵐は重い気持ちで神田の同信会の礼拝に出席します。「黙禱しているうちに、キリストの十字架の御苦しみを追憶し、自分の心の浅ましさをしみじみ教えられ」（182頁）ます。

五十嵐健治（キリスト同信会中野パークサイドチャーチ提供）

「入信以来二三年、その間努めて集会へ出席し、聖書を読み、福音の宣伝にも与かり、信仰の修養も心がけたのであるが、要するに頭の学問で天父とキリストの御愛がまだ心に透徹していなかった。したがって人々の心をつなぐことができなかった。ところがその非を全部反旗組の人々に帰して、自己の責任を認めなかったことは、じつに申し訳がないと悟り自責の念に堪えなかった。」（182頁）

「こざかしい自分の才智に依り頼んで謙遜の心を失っていた」(184頁)と五十嵐は述懐します。この経験を通して、五十嵐はいよいよ経営者として磨かれ、一九二〇年に株式会社とした時には、その経営方針の第一に「どこまでも信仰を土台として経営すること」を掲げています。一九二八年には長男の丈夫と二男の恤生を米国にクリーニング留学させ、一九三一年には多摩川に面した三千坪の工場敷地を購入して事業を拡大しました。

戦災で全工場の七割を失うという辛苦も経験しますが、一九四七年には信仰を継承した丈夫に社長を委ね、八十歳を迎えると、クリーニング業者福音協力会を設立してさらに伝道に力を注ぎました。

長男の丈夫は「父母の思い出」として、一つのエピソードを記しています。それによると、戦時下のある時、当時の内務大臣兼神祇院総裁の平沼騏一郎が、教会の礼拝堂内に伊勢神宮のお札を掲げてこれを礼拝させることを提案していることが伝えられたそうです。五十嵐は、日本基督教団議長の小崎道雄と霊南坂教会の信徒で国会議員の松山常次郎の同席を請い、たまたま五十嵐家の敷地内に居住していた平沼の秘書官武若時一郎にこの件を質します。武若は「『みしるし』ですよ。たいしたことをするわけではありません」と答えたそうです。丈夫氏は、「父はおだやかであったが力を込めて、『それを強行すれば、殉教するものが出ます。その人の子供が戦線に立っていたとすればどのような感じを持つでしょう。決して小さいことではありません』ときっぱりと答えた。秘書官は少なからず驚いた様子であった。当時父の子供数名が戦線にあったことをその人は知っていたからである。」小崎道雄氏も同意見で、戦争終結後に「そのような不幸な事件があったとわかれば世界の友情を日本は失うに至る大問題である」と丁寧に説明し、この案は消えたと丈夫氏は記しています。[27]

同信会の藤尾正人は、五十嵐健治を評して、「日本のクリーニング界はもちろん、近代日本キリスト教史の中でもまれにみる、信仰と事業が見事に一体化した人物」と言います。そして、「あの劇的な一九歳の夏の小樽での受洗以来、かわることなくキリストへの情熱を持ち続けた稀有の人物である。熱心な信者でも永い信仰生活の間には『ここらでちょっとひと休み』という時期がままあるものだが、五十嵐健治にはそれがない」と言っています。

26　五十嵐健治著／藤尾正人編『恩寵の木洩れ日』同信新書、一九八三年、136頁
27　五十嵐丈夫「父母の思い出」『恩寵の木洩れ日』236～238頁

16 ユニークな経済人伝道者

本間俊平、森本慶三、ヴォーリズ、内山完造

新潟県西蒲原郡出身の本間俊平（一八七三〜一九四八）は、小学校を中退して会津で大工になり、仙台、札幌を経て東京に出て大倉土木組に勤務しました。そこで幹部の奥江清之助の感化により、一八九七年、霊南坂教会の留岡幸助から受洗します。一九〇二年、赤坂離宮造営のため秋吉台を視察し、翌年同地に移住して大理石採掘に従事、刑余者や非行少年の更生指導にあたり、全国に伝道し、多くの書物を書きました。玉川学園の創立者、小原国芳は本間の感化を受け、『秋吉台の聖者本間俊平先生』（一九三三年）を著しています。

森本慶三（一八七五〜一九六四）は津山の裕福な家庭に生まれ、一九〇〇年に上京して内村鑑三の感化を受けます。呉服商の家業を継ぎ、一九二六年に津山基督教図書館設立（二〇〇一年閉鎖）、一九五〇年には津山基督教図書館高校、六三年には津山科学教育博物館（現つやま自然のふしぎ館）を設立して地域文化の興隆に大きく貢献しました。内村ゆずりの非戦論で知られ、第一回津山市名誉市民となりました。津山基督教図書館の無教会雑誌

コレクションは貴重です。自著『宝を天に積む』のとおりの生涯でした。

ウイリアム・M・ヴォーリズ（一八八〇〜一九六四）は、吉田悦蔵（一八九〇〜一九四二）と共に、一九一〇年、ヴォーリズ合名会社（近江兄弟社）を創設、一九二〇年にヴォーリズ建築事務所とメンソレータム販売の近江セールズ株式会社を設立しました。一九一一年近江ミッション、一九一八年近江療養院（ヴォーリズ記念病院）、一九一九年にはヴォーリズの妻一柳満喜子が子どものためにプレイグランド、二一年清友園幼稚園を設立。一九三三年には吉田が近江勤労女学校（近江兄弟社学園）を設立しました。

内山完造（一八八五〜一九五九）は岡山に生まれ、高等小学校中退後、大阪や京都で働きます。一九〇二年、十七歳のとき京都教会で牧野虎次から受洗、内村鑑三の影響を受け、二十四歳で大学目薬の出張員として中国に渡り、一七年上海に内山書店を開業、キリスト教書から始め、上海随一の書店として医学書や共産主義の書物を中国にもたらし、魯迅を初めとする中国の進歩的文化人と交流を続けました。戦後は日中友好協会を組織して日中友好に貢献します。文筆に優れ、著書に『そんへえ・おおへえ』『中国四十年』『花甲録』があります。東京・神田には、今も中国書籍を販売する内山書店があります。

17 渋沢栄一、キリスト教社会事業と国際交流のサポーター

渋沢栄一（一八四〇〜一九三一）は、その生涯を論語によって生きた人ですが、キリスト教ともさまざまな繋がりがあります。特に、救世軍をはじめとするキリスト教の社会事業と国際交流は渋沢の援助を受けました。森村市左衛門は社会事業支援における渋沢の盟友ですが、森村はクリスチャンになり、渋沢はなりませんでした。渋沢と森村は、宗教者同士の相互理解と協力を推進する帰一協会（一九一二〜四二年）のメンバーでもありました。

渋沢栄一は、現在のみずほ銀行、東京証券取引所、王子製紙、東京ガス、大日本印刷、IHI、日本経済新聞、東京電力、JR東日本、清水建設、大成建設、帝国ホテルなど多くの企業の創設や経営に関わり、その数は五百を超えます。土屋喬雄は、『渋沢栄一伝記資料』（全五十八巻・別巻十巻、一九五五〜七一年）の編纂主任でした。土屋は『続日本経営理念史』において、渋沢を儒教倫理を基本とする経営理念における道義的実業家の筆頭に挙げています。渋沢を「日本資本主義の父」と呼び、「論語算盤説」、「道徳経済合一説」に注目したのも土屋でした。[28] 渋沢は官僚（一八六九〜七三年）を退いて民間人として生き、経

済界引退後（一九〇九年～）は社会事業と民間外交に専念します。土屋によれば、渋沢が関係した社会事業は六百余に及びます。

渋沢は武蔵国榛沢郡血洗島（深谷市）の富農の家に生まれ、父からは勤労と商売・人の分限を、母からは思いやりを学び、四書五経の訓育を受け、農民でありながら尊王攘夷の志士となります。そこから一転して一橋（徳川）慶喜に仕え、一八六七年、その弟の徳川昭武に随行してパリ万博に参加し、一年半、ヨーロッパに学びました。ちなみに、三歳年長の津田仙は一八七三年のウィーン万博を契機にクリスチャンになりました。

渋沢栄一（国立国会図書館「近代日本人の肖像」提供）

帰国後の一八六九年、渋沢は静岡で商法会所（常平倉）を設立します。パリで学んだ合本法（株式会社）を実践したのです。大隈重信の説得で民部省租税正に就任し、民部省改正掛長、富岡製糸場設置主任、大蔵少丞、大蔵大丞、紙幣頭、大蔵少輔事務取扱として手腕を発揮しますが、一八七三年に財政緊縮を主張して大隈と対立、井上馨と共に官を辞すことになりました。第一国立銀行総監役、翌年には東京株式取引所を設立し、一八七五年商法講習所（一橋大学）設立、七八年には商法会議所（東京商工会議所）会頭となり、日本の商工業発展の基礎を造り上げました。しかし、一九〇九年には七十歳を機に五十九の会社から身を引き、七十七歳で実業界から完全に隠退します。

明治のジャーナリスト山路愛山は、渋沢を以下のように評しています。

「此時に方りて銀行業に執着したる二人の豪傑あり。翁（渋沢）と安田（善次郎）是れなり。しかも其行方は全く種類を殊にす。安田は唯金貸し両替えの本業を後生大事に守り、塵を積んで山と為すの商人道を確守し、段々と一家を興し、而も天性商才ありて時運に後れず、遂に日本大金持ちの幕の内に進み入り、其富を以て三井、岩崎の塁を摩するに至れり。翁は之に反し、第一銀行に根城を構えながら、独り其業に専らならず、日本国の産業に就て色々の世話を焼き、日本国は之が為に益を受けたること多かりしかど、翁の一身は必ずしも富まず、富の道中双六に於ては、翁は大いに安田に後れたり、さりながら翁に依りて日本の政治家は小資本家と声息を通ずべき好個の総代人を得たり。（中略）翁のような世界の大勢を知り、公共心に富み、而も実業界の各方面に渉りて世話役、総代人たる位置にあるものが音頭を取りて金を集むるは最も好都合な事なり。」[29]

経済学者の長幸男は『渋沢栄一自伝 雨夜譚』の解説において、三菱の岩崎弥太郎が日本を代表するキャピタリスト（資本家）であるなら、渋沢は資本制社会のプロモーターだったと評しています。渋沢には弱者への思いやりがあり、官尊民卑を嫌い、国家は個人の集まりで天より見れば四海の人々はみな兄弟と考える革新性を持っていました。晩年、東京帝大教授萩野由之を主任に若手の歴史学者を動員して『徳川慶喜公伝』を刊行したことは、渋沢の人間味を窺わせる事業です。反面、妾三人に愛人多数という女性関係の緩さは、儒教倫理の欠点でした。孫の敬三は、東京帝国大学で経済学を学び、渋沢同族株式会社を継承し、戦中戦後に日銀総裁、大蔵大臣を歴任します。敬三は、二高と東京帝大で土屋喬雄と同期でした。

戦後のＧＨＱによる財閥解体の対象となりますが、三井家の保有株は三億六千二百八十万円・資本金三十億円、岩崎家の保有株は二百八十万株（四六パーセント）・本社資本金二億四千万円だったのに対し、渋沢家の資本金は一千万円に過ぎません。規模と支配力の点から財閥解体の指定解除を願い出るよう通知された時、敬三は立場上それをしませんでした（註29　289頁）。

近年、日本福祉の先駆者としての渋沢栄一が注目されています。日本の資本主義は富国強兵に仕え、軍拡と侵略で肥大化します。渋沢の合本主義は民主主義的で、協力と共生をめざし、平和と弱者への視点を有していましたが、それも時代の波に飲み込まれました。

四男の渋沢秀雄は、栄一が銀行とほぼ同時期に「養育院」に関わり、亡くなるまで五十七年間院長を務めたことを特記します。一番ケ瀬康子は、『福祉を担う人びと』において、渋沢を社会事業の先駆者、「福祉を創った人びと」の一人に数えています。大谷まことは『渋沢栄一の福祉思想』という詳細な研究をまとめ、杉山博昭『渋沢栄一に学ぶ福祉の未来』（青月社）は渋沢の思想に大きな期待をしています。

「養育院」は、松平定信の貧民救済の基金を用い、一八七二（明治五）年にロシア皇太子アレクセイが来日した折、東京の貧民隠しを行ったことに始まります。事務長だった渋沢は一八七九年に院長になり、生涯にわたって関わり続けます。一八八二年頃から経費の増加と惰民養成論により東京府議会で養育院廃止論が高まりました。渋沢は惰民養成の弊害を認めつつ、人道の見地からこれに反対し、東京府が手を引いた八四年から九〇年まで、自費と募金でこれを維持しました。養育院はやがて東京市の施設として維持されます。杉山は「渋沢がここで、廃止反対で動いたことが、福祉の歴史を変えたといっても過言ではありません」（杉山24頁）と言っています。養育院から、ハンセン病者のための多摩全生園も設立されます。ここにも渋沢の熱意がありました。院長はクリスチャンの医師光田健輔が務めています。養育院の働きから精神障がいの人々のための松沢病院も設立されました。渋沢はこれらの事業の記録をよく残しています。ゆえに批判されることもありますが、これもまた重要なことです。養育院は、現在、東京都健康長寿医療センターとして板橋にあります。

地域福祉の全国組織である全国社会福祉協議会は、一九〇八年に中央慈善協会として始まり、渋沢が初代会長を務めました。慈善事業は崇高な理念を掲げて創設されますが、財源は乏しく継続には課題があります。渋沢は資金援助や募金の呼びかけでこれを支えました。

知的障がい児の滝乃川学園は、石井亮一・筆子の信仰により設立されました。一九二〇年に火災で施設を焼失し、入所児六名が死亡する事件が起きます。石井夫妻はこの責任をとって学園の廃止を考えます。この危機に際して理事長として事業の再建に尽力したのが渋沢でした。そして、よく知られているように、渋沢は山室軍平と親しく，救世軍への支援をずっと継続しています。明治学院総理、衆議院議員を務めた田川大吉郎は言います。

「救世軍の社会事業は、その質において、精神に於て、たしかに日本の社会事業の中の社会事業である。試みにその一斑を掲ぐれば、人事相談部・刑務所警察署訪問部・旅客の友部・婦人救済部・労働者寄宿舎（努力館・自助館・民衆館）・勤労紹介所・労作館（釈放者保護所）・感化院・飲酒感化院・育児院・保育所・婦人ホーム・婦人収容所・女子希望館・社会殖民館・結核療養所・病院・歳末救護運動・克己週間事業等である。乃ち有らゆる社会事業の種類は、ほとんど一切を残さず網羅しているのである」[30]

このように評価される事業の背後に、渋沢をはじめとする経済人からの支援があったことを忘れずにおきたいものです。皇室からの支援もあり、国策協力の側面も多分にあるのですが、社会的弱者を支援する社会の形成にも貢献しました。

大原孫三郎が石井十次の岡山孤児院を支えたことは有名ですが、渋沢もこれを援助しています。人々が渋沢を頼るだけでなく、東京出獄人保護所の原胤昭《たねあき》には渋沢の方から接近して協力しています。渋沢は「原さんから免囚保護の感化を受けたことは私が差し上げたものより多いのです」と言っています。

一九二九年に生活保護法の前身である救護法が制定されました。ところが金解禁のための緊縮財政で実施が見送られてしまいます。全国方面委員（民生委員）と社会事業家たちが、亡くなる二年前に病気療養中の渋沢を頼って無理に押しかけます。四男の秀雄によれば、渋沢は止める主治医に「こんなおいぼれが養生しているのは、せめてこういう時のためですよ。もしこれがもとで私が死んでも、二十万人の不幸な人たちが救われれば、本望じゃありませんか」と言って政府に陳情に出向かけたそうです。渋沢の人気は青山斎場での葬儀に四万人が集まったことにも見て取れます。渋沢の死後、一九三二年に救護法は実施されました。

渋沢のもう一つの社会貢献は、民間外交と平和主義です。一九〇七年、渋沢は第七回万国学生基督教青年大会において来賓歓迎会、および救世軍ブース大将の歓迎会の発起人となります。これを機に一九三一年に亡くなるまで、渋沢は救世軍の支援を続けました。一九二〇年十月五日から十四日、第八回世界日曜学校大会が日本で開催されることになり、渋沢は七年前の準備からこれに関わり、後援会副会長を務めています。当時の日本では前例のない国際会議で、後援会長は大隈重信でした。東京駅前に建設された特設会場は、ヴォ

第８回世界日曜学校大会開会式で挨拶する渋沢栄一

ーリズの設計による建坪六百四十一坪のゴシック様式でした。その会場が、大会当日漏電による火災で全焼するという惨劇に見舞われます。火災の最中に、大会幹部が応急策を協議する場では、建築主任の古橋柳太郎は声をあげて泣くばかり。その時、明治学院のウイリアム・ジー・ランデスが讃美歌二二五（現二八四）を歌い出し、満座の人々がこれに和したというエピソードが伝えられています。

一　主のたふときみことばは　ゆるぎなき道のもとゐ
　　たよるわれは安けしや　世にはまたなきみことば

三　火はみちに燃えたつとも　わがめぐみたえずあれば
　　ほのほもそこなひえじな　ただなれを鍛ふのみぞ

大会は会場を青年会館と救世軍本営に移して予定通り開

会、阪谷芳郎、渋沢の尽力で三日から会場を帝国劇場に移して行われました。北米を中心に海外からの代員七百二十五人、在留外国人代員二百七十五人を含め参加者は三十三か国から二千三百七十八人、全国四十八都市で大会が開催されました。

渋沢は、関東大震災で神田の東京基督教青年会館が灰塵に帰すと、一九二六年にはその再建運動に奔走します。その他、ハワイ基督教青年会、サンフランシスコ日本人基督教青年会、東京基督教女子青年会、日本基督教連盟の国際交流などを援助しました。渋沢は、

渋沢栄一と救世軍第二代大将ブラムエル・ブース　提供：救世軍本営

「孔孟の王道を説かれたのはすなわち国際道徳を説かれたのであって、武装平和は野蛮の遺法なり」と言い、財政と国際政治の両面から歯止めのない軍拡に反対しています（大谷まこと『渋沢栄一の福祉思想』398頁）。

渋沢の信仰はどのようなものだったでしょうか。渋沢の飛鳥山邸では、一九一〇～一三年に聖公会の皆川晃

雄、一九一四〜一七年には海老名弾正が聖書講読会を行っており、山室軍平も繰り返し福音を語っています。渋沢は福音を聴く機会に恵まれた人ですが、彼がキリスト教の信者となることはありませんでした。秀雄によれば、後妻のかね夫人は渋沢の女性関係にふれて「大人《たいじん》も論語とはうまいものを見つけなさったよ。あれが聖書だったら、てんで守れっこないものね」と言っていたといいます（註29 293頁）。渋沢がキリスト教に入信しなかった理由は儒教に生きたことにあります。『論語』は、性善的な人間の道徳的な生き方を説きますが、絶対者である神を認めることはありません。神に頼らないということは、神の前に罪人として悔い改めなくてもよいということでした。

渋沢は、一九一二年四月に、宗教者同士の相互理解と協力を推進する「帰一協会」を設立します。日本女子大を創設した成瀬仁蔵を中心に、姉崎正治、浮田和民、森村市左衛門ら十二名が発足人となっています。キリスト者としては、江原素六、島田三郎、新渡戸稲造、石橋智信、内ケ崎作三郎、佐藤昌介、斉藤惣一、原田助、今岡信一良、高木八尺、M・C・ハリス、D・C・グリーン、C・マコウリー、W・アキスリングらが参加していますから、かなりの広がりを見せた運動でした。一九〇九年に国民道徳の指針を示す「戊辰詔書」が出され、地方改良運動が始まります。一九一〇年に大逆事件が起こり、一九一二年二月には内務省の招待で神仏基の代表者が集められ、国民道徳の振興に協力を表明する「三教会同」が行われます。帰一協会は、こうした社会主義弾圧と国民道徳運動の流れの中で設立されました。渋沢は儒教による宗教の統一を期待していましたが、それはかつての草莽の志士が民を導く時の意識であったと思われます。キリスト者は、宗教間の相互理解を深め国民道徳の振興に協力することを考えていましたが、その成果を見ることなく日本は戦争に突入し、立ち消えることになります。

28　土屋喬雄『渋沢栄一』吉川弘文館、一九八九年
29　澁澤秀雄『新装版 澁澤栄一』時事通信社、二〇一九年、223―224頁
30　田川大吉郎『社会改良史論』教文館、一九三一年

おわりに

戦後の経済人・現代のクリスチャンビジネスパーソン「覚書」

私は群馬県吾妻郡で江戸時代から続く商家の十四代目として生まれました。クリスチャンとしては四代目です。曽祖父山口六平は、家族で海老名弾正から洗礼を受けました。六平は殖産興業に尽力しましたが成功はしませんでした。遺産はキリスト教信仰です。大伯父治郎は内村鑑三の「商売成功の秘訣」を手元に置いていました。私はそのピューリタン的な信仰の家から初めての牧師となりましたが、どこかで商家の血を引いてるようです。

本書では、戦前におけるクリスチャン経営者を時代を追って紹介しましたが、岸田吟香や津田仙はまさに先駆者です。全体的に個人を取り上げましたが、開港地のないキリスト教の先進地である群馬と岡山のクリスチャンの「田舎紳士」たち、また北海道開拓とキリスト教を取り上げることで、クリスチャンの経営者を生み出した背景の一端に触れたつもりです。日本のプロテスタントの縁の下の力持ちだった湯浅治郎。「津軽の産業王」と称されながら敬虔主義の信仰に進んだ長谷川誠三は、信仰による経営の本格的な実践者と捉えました。大企業を育てた森村市左衛門と広岡浅子は、経営者としての生涯の後半に明確な信仰に至りました。ライオンの小林富次郎や白洋舎の五十嵐健治は信仰と経営の生涯を貫きました。グンゼの波多野鶴吉は、川合信水を招いて行った社内の信仰教育が特徴的でした。森永太一郎は、成功の中で失った信仰をみごとに取り戻しました。中村屋の相馬愛蔵と黒光は、若き日の信仰をヒューマニズムに着地させ、カネボウの武藤山治はキリスト教にも触発されたヒューマニズムによって働き、臨終の洗礼に与りました。クラボウの大原孫三郎は受け継いだ富を増やし最も有効に社会に還元しました。本間俊平、森本慶三、ヴォーリズ、内山完造についても若干の紹介を行い、日本の資本主義の父と言われる渋沢栄一からキリスト教会が受けた援助を記しました。

総じて語るのは難しいことですが、神は近代の日本の経営という分野でも、実に多彩な魅力的なクリスチャンたちを生み出し、育てられたと感嘆せずにはおれません。こうした歴史は続いています。戦後のクリスチャン経営者としては、以下の方々がおられます。

山藤捷七（一八九四〜一九五四）十字屋、五十嵐丈夫（一九〇三〜一九九四）白洋舎、松本望

（一九〇五〜一九八八）パイオニア、鈴木留蔵（一九一〇〜二〇〇九）丸留建設、飯島藤十郎（一九一〇〜一九八九）山崎製パン、小倉昌男（一九二四〜二〇〇五）ヤマト運輸、三谷康人（一九二九〜）カネボウ薬品、金山良雄（一九三三〜）ムラサキスポーツ、中嶋栄三（一九三五〜二〇〇八）中嶋自動車工業、池田守男（一九三六〜二〇一三）資生堂、三木晴雄（一九三九〜）玉の肌石鹸・ミツワ石鹸・ミヨシ石鹸、野村弘（一九三九〜）株式会社ノア、右近勝吉（一九四〇〜）便利屋「右近サービス社」、飯島延浩（一九四一〜）山崎製パン、中島總一郎（一九四三〜）芝浦電子、上田利昭（一九四五〜）チュチュアンナ、杣浩二（一九五一〜）サンビルダー、青木仁志（一九五五〜）アチーブメント、ほか。

東京基督教大学では信徒の献身を尊び、牧師や伝道者と共に、さまざまな分野に「神の国」の働き人を送り出しています。経営者として信仰に生きた方々の生き方に続く人々が起こされることを願ってやみません。いのちのことば社の砂原俊幸氏の編集の労に感謝を申し上げます。

著者略歴

山口陽一（やまぐち・よういち）
1958年生まれ、東京基督教大学教授・学長（日本キリスト教史、実践神学）、日本同盟基督教団正教師・理事。東京と群馬で牧師を経て2004年から東京基督神学校校長、東京基督教大学大学院委員長を歴任し2018年から現職。編著に『日本開国とプロテスタント宣教150年』（いのちのことば社）、『復刻日本基督一致教会信仰ノ箇条』・『日本キリスト教歴史人名事典』（教文館）など多数。

近代日本のクリスチャン経営者たち

2023年4月30日発行
2024年6月10日3刷

著者　山口陽一

発行　いのちのことば社

〒164-0001　東京都中野区中野2-1-5
編集　Tel. 03-5341-6924
営業　Tel. 03-5341-6920
　　　Fax. 03-5341-6921

新刊情報はこちらから

カバー装丁　ロゴスデザイン　長尾優
印刷・製本　日本ハイコム株式会社

落丁・乱丁はお取り替えいたします。

Printed in Japan

ISBN978-4-264-04407-9